# INIS DOM 1

## Liam Breatnach

Gill & Macmillan

Gill & Macmillan Ltd
Ascaill Hume
An Pháirc Thiar
Baile Átha Cliath 12
agus cuideachtaí comhlachta ar fud an domhain
www.gillmacmillan.ie

© Liam Breatnach 2001
ISBN-13: 978 07171 3187 7

Léaráidí: Aislí Madden
Dearadh le Design Image, Dublin
Clóchuradóireacht bunaidh arna déanamh in Éirinn ag Carole Lynch

*Rinneadh an páipéar atá sa leabhar seo as laíon adhmaid ó fhoraoisí rialaithe. In aghaidh gach crann a leagtar cuirtear crann amháin eile ar a laghad, agus ar an gcaoi sin déantar athnuachan ar acmhainní nádúrtha.*

Gach ceart ar cosaint. Ní ceadmhach aon chuid den fhoilseachán seo a atáirgeadh, a chóipeáil ná a tharchur i gcruth ar bith ná ar dhóigh ar bith gan cead scríofa a fháil ó na foilsitheoirí ach amháin de réir coinníollacha ceadúnas ar bith a cheadaíonn cóipeáil theoranta arna eisiúint ag Gníomhaireacht Cheadúnaithe Cóipchirt na hÉireann.

## ADMHÁLACHA

Ba mhaith leis na foilsitheoirí a mbuíochas a ghabháil leis na heagraíochtaí agus leis na daoine seo a leanas as cead a thabhairt dóibh dánta atá faoi chóipcheart a atáirgeadh sa leabhar seo:

Cló Iar-Chonnachta maidir le 'Gluaiseacht' le Caitríona Ní Chonchúir (ar an CD).

Beidh na foilsitheoirí sásta socruithe cuí a dhéanamh le haon sealbhóir cóipchirt nach raibh fáil air a dhéanann teagmháil leo tar éis fhoilsiú an leabhair.

# RÉAMHRÁ

Pictiúir, sraitheanna pictiúr, cleachtaí éisteachta ag déileáil le scéalta, le dánta agus le tascanna sodhéanta — tá siad go léir sa leabhar seo. Cloíonn na ceachtanna go dlúth leis na téamaí atá aitheanta i gCuraclam na Gaeilge. *Mé Féin, Sa Bhaile, An Scoil, Bia, An Teilifís, Ag Siopadóireacht, Caitheamh Aimsire, Éadaí, An Aimsir* agus *Ócáidí Speisialta*. Cuirfidh na tascanna éisteachta agus na cleachtaí gnéithe éagsúla den éisteacht, den labhairt, den léitheoireacht, den drámaíocht agus den scríbhneoireacht chun cinn ar bhonn comhtháite.

Mar dhul siar, baintear úsáid as cleachtaí taitneamhacha mar mheaitseáil, focail a chiorclú, bolgáin a líonadh srl. Daingneoidh siúd an foclóir agus an t-eolas atá foghlamtha ag na daltaí go nuige sin.

'Séard atá ar an dlúthdhiosca a ghabhann leis an leabhar ná scéalta, sceitsí, dánta is tascanna éisteachta. Tá script na ndánta, na scéalta is na dtascanna éisteachta céanna le fáil sa leabhrán Scéimeanna Bliana, Rang (I–VI). D'fhéadfadh an t-oide ceann díobh seo a léamh fad atá an dalta ag éisteacht leis/léi agus ag féachaint ar phictiúr nó ar shraith phictiúr atá bunaithe air. Cuideoidh na cleachtaí líníochta is scríbhneoireachta le cumas ealaíne is scríbhneoireachta an dalta a fhorbairt.

# CLÁR

|  |  | Lth |
|---|---|---|
| Ceacht 1 | } Mé Féin | 1 |
| Ceacht 2 |  | 3 |
| Ceacht 3 | } Sa Bhaile | 5 |
| Ceacht 4 |  | 7 |
| Ceacht 5 | Ócáidí Speisialta | 12 |
| Ceacht 6 | } An Scoil | 15 |
| Ceacht 7 |  | 17 |
| Ceacht 8 | Ócáidí Speisialta | 19 |
| Ceacht 9 | } Bia | 22 |
| Ceacht 10 |  | 25 |
| Ceacht 11 | Ócáidí Speisialta | 29 |
| Ceacht 12 | } An Teilifís | 32 |
| Ceacht 13 |  | 35 |
| Ceacht 14 | } Ag Siopadóireacht | 37 |
| Ceacht 15 |  | 40 |
| Ceacht 16 | } Caitheamh Aimsire | 43 |
| Ceacht 17 |  | 46 |
| Ceacht 18 | } Éadaí | 48 |
| Ceacht 19 |  | 51 |
| Ceacht 20 | } An Aimsir | 53 |
| Ceacht 21 |  | 56 |

# CEACHT 1

**Comhrá scoile/Comhrá baile:**
Cé thusa?/Cad tá ag Aoife/ag Pól? An bhfuil carr ag Aoife/ag Pól? An bhfuil balún ag Aoife/ag Pól? An bhfuil leabhar/carr agat? Cuir do mhéar ar Aoife/ar Phól? Cé mise?

 Dathaigh an pictiúr.

**1. Tá carr ag Aoife.**
**2. Tá leabhar ag Pól.**

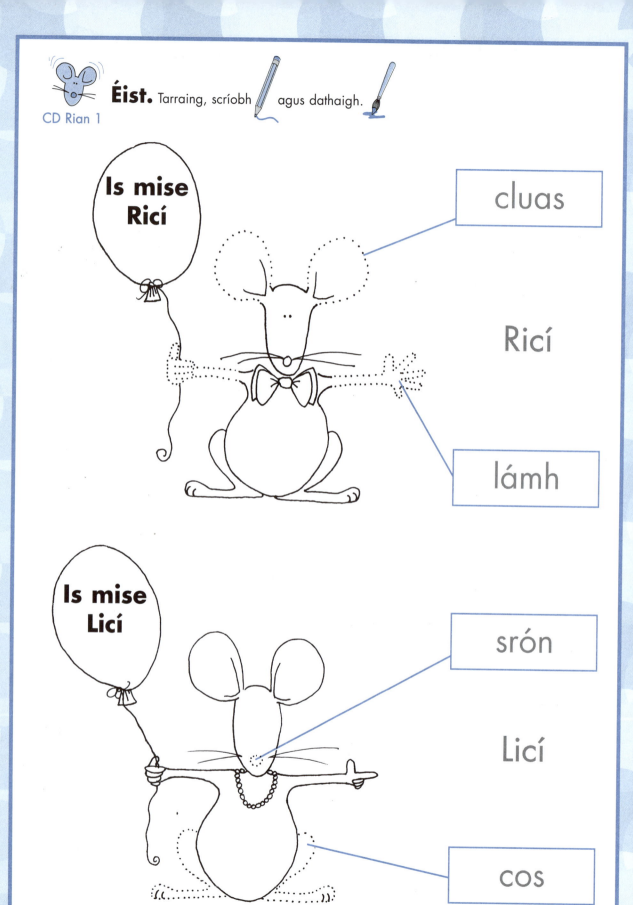

# CEACHT 2

Comhrá scoile/Comhrá baile:
Cad tá ag Rúfaí/ag Fífí? An bhfuil liathróid ag Fífí?
An bhfuil crann/bláth sa pháirc? Cad tá ar an ruga?
An bhfuil bláthanna ar an ruga? Cuir do mhéar ar na milseáin/
ar na bláthanna. An bhfuil liathróid agat?

 **Éist** leis an dán agus dathaigh  an liathróid, an ruga agus an crann.

CD Rian 2

1. Tá liathróid ag Rúfaí.
2. Tá milseáin ag Fífí.

# Ricí Bocht

 **Éist.**  Dathaigh na pictiúir.

CD Rian 3

# CEACHT 3

**Comhrá scoile/Comhrá baile:**
Cá bhfuil Mamaí? An bhfuil Pól/Ricí ag an doras?
Cá bhfuil Pól/Ricí? Cá bhfuil an lampa/na bróga?
An bhfuil Mamaí ina codladh?
An bhfuil Pól/Ricí ina chodladh? srl.

 **Éist** leis an dán agus dathaigh an cófra, an leaba agus an doras.

CD Rian 4

1. Tá Pól sa leaba.
2. Níl Mamaí sa leaba.
3. Tá Ricí sa leaba.

**Éist.** Tarraing, scríobh agus dathaigh.

CD Rian 5

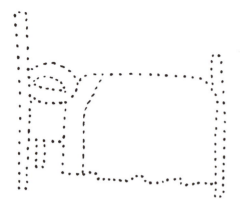

leaba

l _____

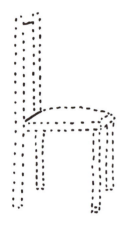

cathaoir

c _____

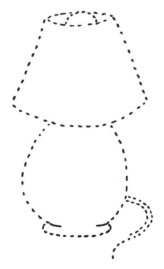

lampa

l _____

6 a sé

# CEACHT 4

**Comhrá scoile/Comhrá baile:**
Cé atá sa seomra folctha? Céard atá sa bháisín/ar an mballa? Céard a chuir Licí ar a cluasa? Céard eile atá sa seomra? An bhfuil Licí san fholcadán/ar an stól? Céard atá ar an bhfuinneog/ar an urlár? srl.

Dathaigh an stól, an tuáille agus an folcadán.

1. Tá Licí sa seomra folctha.
2. Tá Licí ag ní a cluas.
3. Níl Pól sa seomra folctha.

**Éist.**
CD Rian 6

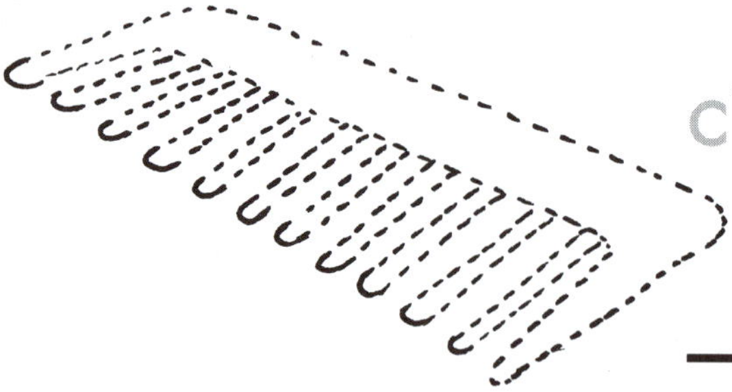

cíor ghruaige

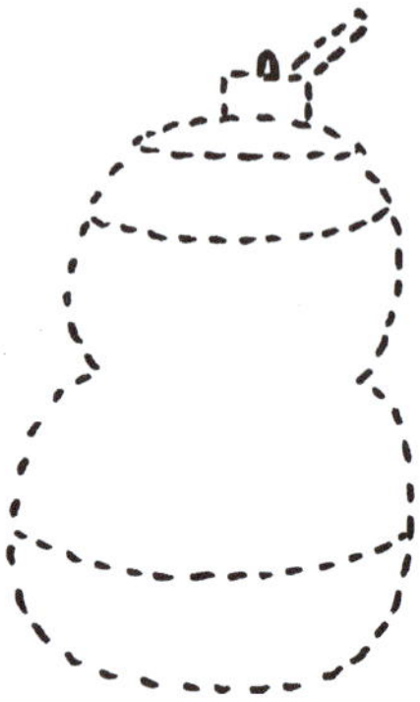

seampú

tuáille

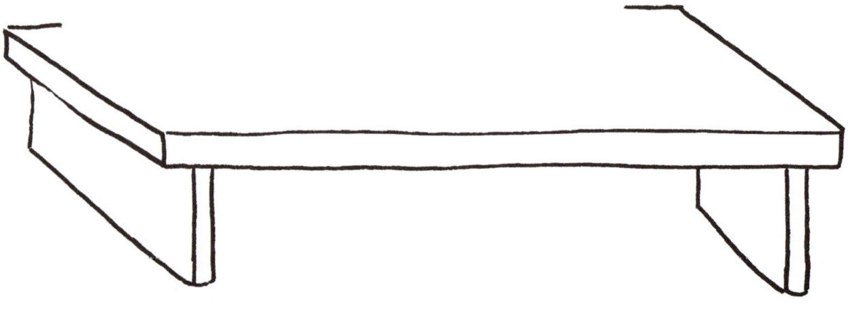

bord

# Bhí Fífí Crosta

 **Éist.** Dathaigh na pictiúir.

CD Rian 7

# Dul Siar

Meaitseáil, dathaigh agus scríobh.

tuáille

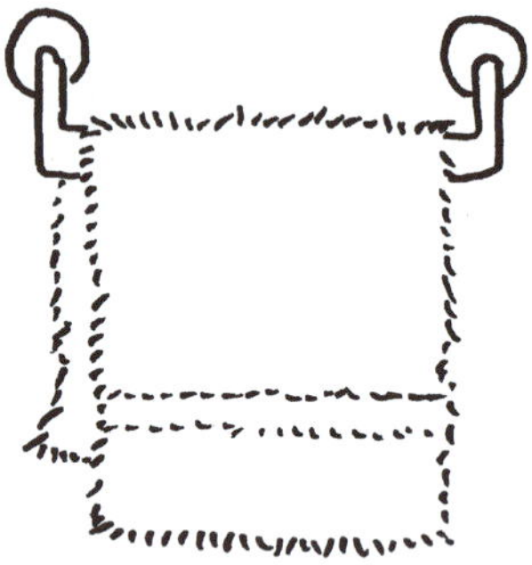

leabhar

liathróid

milseán

Dathaigh an pictiúr agus ciorclaigh na focail.

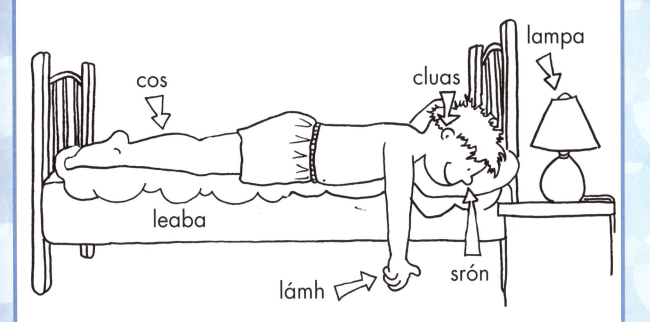

| b | f | r | m | c | o | s |
|---|---|---|---|---|---|---|
| n | s | e | g | l | i | r |
| p | h | l | n | u | p | ó |
| l | e | a | b | a | d | n |
| á | d | m | á | s | b | s |
| m | n | p | l | h | e | l |
| h | o | a | u | c | r | b |

# CEACHT 5

**Comhrá scoile/Comhrá baile:**
Cén aois atá ag Aoife? Cén aois thú? An bhfuil tú sé bliana/seacht/ocht mbliana d'aois? Cad a fuair Aoife? Cad tá ina lámha aici? Cá bhfuil an leabhar/an puipéad/ an druma/an rothar? Cad tá ar a cuid gruaige/ar a cosa? srl.

Dathaigh an pictiúr.

1. Bhí breithlá ag Aoife.
2. Fuair sí cártaí.
3. Fuair sí bronntanais.

# Breithlá Aoife

**Éist.** Dathaigh na pictiúir.

CD Rian 8

**Éist** leis an dán agus dathaigh na pictiúir.

CD Rian 9

ríomhaire

# CEACHT 6

**Comhrá scoile/Comhrá baile:**
An bhfuil Pól ag léamh/ag scríobh? An bhfuil Rúfaí/Aoife/Nóra ag léamh? An bhfuil an múinteoir ag léamh/ag scríobh? Céard atá ar an mbord/ar an mballa? Cá bhfuil mála Phóil/mála Nóra? Cad tá á dhéanamh ag Nóra/ag Pól. srl

Dathaigh an clog, na deasca agus an bord.

1. Tá Pól ag scríobh.
2. Tá Rúfaí ag scríobh.
3. Tá Aoife ag léamh.
4. Tá Nóra ag léamh.

# Rúfaí an Rógaire

 **Éist.**  Dathaigh na pictiúir.

CD Rian 10

# CEACHT 7

**Comhrá scoile/Comhrá baile:**
Cé atá i gclós na scoile? Cé atá ag léim/ag rith/ag scipeáil?
An bhfuil an múinteoir ag rith/ag léim/ag scipeáil? Cad tá ag Fífí?
An bhfuil téad ag Rúfaí/ag Pól? An bhfuil an fhuinneog ar oscailt?
An bhfuil an fhuinneog dúnta?

 **Éist** leis an dán agus dathaigh  an pictiúr.

CD Rian 11

1. Tá Fífí ag scipeáil.
2. Tá Pól ag rith.
3. Tá Rúfaí ag léim.

 **Éist.** CD Rian 12

**1.** Tarraing pictiúir de Phól agus de Aoife ag damhsa i gclós na scoile. Tá an ghrian ag taitneamh. Scríobh na focail.

ag damhsa ___ _____

**2.** Tarraing pictiúir de Rúfaí, de Ricí agus de Licí ag rith isteach sa scoil. Tá sé ag cur fearthainne. Scríobh na focail.

ag rith ___ _____

# CEACHT 8

Comhrá scoile/Comhrá baile:
Céard atá ag Daidí/ag Nóra? An bhfuil fáinne ag Daidí/ag Ricí?
Céard atá ar Dhaidí/ar Ricí? Cá bhfuil an bairín breac/na cnónna?
An bhfuil bairín breac ag Daidí/ag Ricí? Cá bhfuil na húlla?
Cad tá sa spéir? srl

 **Éist** leis an dán agus 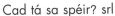 dathaigh an pictiúr.
CD Rian 13

1. Tá úlla ag Daidí.
2. Tá fáinne ag Nóra.
3. Tá masc ar Ricí.

# Bhí ocras ar Rufaí

 **Éist.** Dathaigh na pictiúir agus scríobh.

CD Rian 14

**Éist** agus cuir isteach na huimhreacha.
CD Rian 15

# CEACHT 9

**Comhrá scoile/Comhrá baile:**
Cad tá ar an mbord? An bhfuil milseáin/bananaí/trátaí/prátaí ar an mbord?
Cá bhfuil an cupán/na plátaí? An bhfuil cáis/prátaí/trátaí sa chófra?
An bhfuil sé ag cur fearthainne? An bhfuil an ghrian ag taitneamh?
Cá bhfuil Rúfaí? Cad tá aige? srl.

Dathaigh an bord, na cuirtíní agus an cófra.

1. Tá Ricí agus Licí ag ithe.
2. Tá cáis ar an mbord.
3. Tá prátaí ar an mbord.
4. Tá trátaí ar an mbord.

# Ricí, Licí agus an chailleach ghránna

 **Éist.** Dathaigh na pictiúir.

CD Rian 16

23 fiche a trí

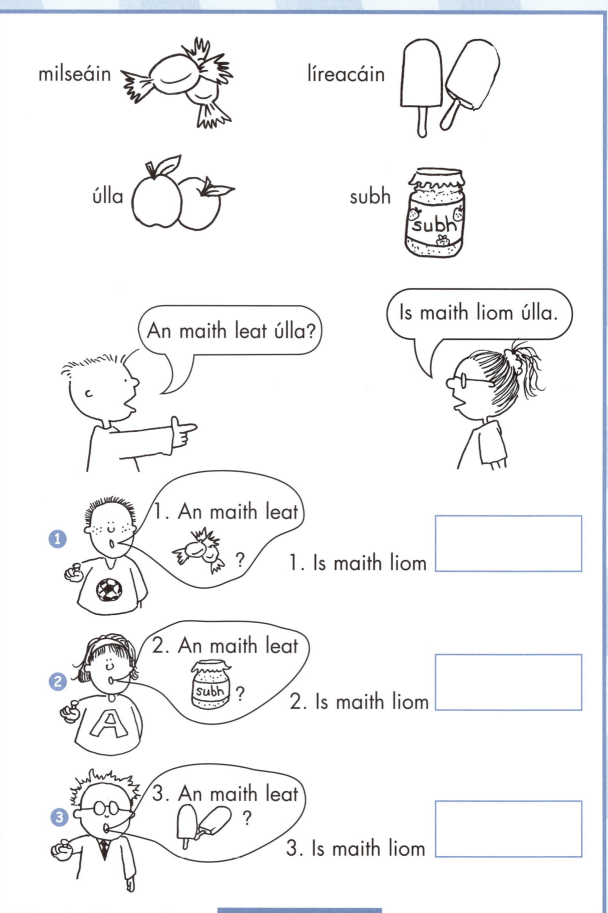

# CEACHT 10

**Comhrá scoile/Comhrá baile:**
Cá bhfuil Pól? Cad tá ar an urlár?
An bhfuil banana/gloine/oráiste ar an urlár?
Cad tá ar an mbord? Cad tá ag Mamaí?
Ar thit Pól? Ar thit Mamaí?

 **Éist** leis an dán agus dathaigh an pictiúr.

CD Rian 17

1. **Bhí banana ar an urlár.**
2. **Thit Pól ar an urlár.**
3. **Bhí Pól ag caoineadh.**
4. **Thug Mamaí seacláid dó.**

# Dul Siar

Meaitseáil, tarraing, dathaigh agus scríobh.

ag léamh

ag scríobh

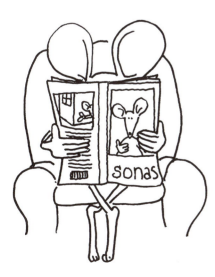

ag ithe

Dathaigh na pictiúir agus ciorclaigh na focail.

| m | c | c | n | b | t | ú |
| o | n | á | s | a | s | l |
| f | á | i | n | n | e | l |
| p | m | s | l | a | b | a |
| r | h | f | r | n | h | d |
| á | e | ú | m | a | s | c |
| l | h | n | i | e | h | t |

# CEACHT 11

**Comhrá scoile/Comhrá baile:**
Céard atá ag Pól/ag Aoife? An bhfuil an giotár ar an taobh deas den doras/ar an gcathaoir/ar an gcrann? Céard atá ar an gcathaoir?
Cá bhfuil na bronntanais? An bhfuil an tine ar lasadh?
An bhfuil Daidí/Mamaí/Ricí sa seomra? srl.

Dathaigh an giotár, an druma, an pianó agus an doras.

1. Tá druma ag Pól.
2. Tá pianó ag Aoife.
3. Tá giotár sa seomra.
4. Tá róbat sa seomra.
5. Tá bronntanais faoin gcrann Nollag.

# Tháinig San Nioclás

Dathaigh na pictiúir.

CD Rian 18

# Éist. CD Rian 19

1. Tarraing pictiúir de na bréagáin a fuair Aoife agus dathaigh iad. Scríobh ainm an bhréagáin sna boscaí beaga.

giotár          pianó

2. Tarraing pictiúir de na bréagáin a fuair Pól agus dathaigh iad. Scríobh ainm an bhréagáin sna boscaí beaga.

róbat          druma

# CEACHT 12

**Comhrá scoile/Comhrá baile:**
Cé atá ag féachaint ar an teilifís? An bhfuil Licí/Rúfaí ag féachaint ar an teilifís? Cad tá ar an teilifíseán?
Cad tá ag Rúfaí? Cé atá ina codladh? Cad tá ar an mbord?
Cá bhfuil Rúfaí/Ricí/ina shuí? An bhfuil Licí ina suí? srl.

Dathaigh an tolg, an bord agus an t-urlár.

1. Tá Ricí ag féachaint ar an teilifís.
2. Tá Fífí ag féachaint ar an teilifís.
3. Tá Licí ina codladh.
4. Tá cnámh ar phláta.
5. Tá iasc ar phláta.

# Ricí an Rógaire

 **Éist.** Dathaigh na pictiúir.

CD Rian 20

**Éist** agus scríobh an focal 'Tá' nó 'Níl'.

CD Rian 21

# CEACHT 13

**Comhrá scoile/Comhrá baile:**
An bhfuil Mamaí/Aoife ina suí? An bhfuil Daidí/Rúfaí ina shuí?
An bhfuil Rúfaí/Daidí ina luí ar an urlár?
Cé atá ina luí ar an urlár? An bhfuil Mamaí/Licí ag léamh?

 **Éist** leis an dán agus dathaigh an pictiúr.

CD Rian 22

1. Tá Aoife ag léamh.
2. Níl Rúfaí ag léamh.
3. Tá Licí ag scríobh.
4. Tá Ricí ina luí.
5. Tá Mamaí agus Daidí ag gáire.

**Éist** leis an téip agus cuir isteach na huimhreacha.
CD Rian 23

# CEACHT 14

**Comhrá scoile/Comhrá baile:**
Céard atá ag Pól? Céard atá sa chiseán? An bhfuil siúcra/subh/arán/líreacán sa chiseán? Céard atá ar na seilfeanna? Céard atá ar an gcuntar? An mó piorra atá ar an gcuntar? An mó oráiste atá sa chiseán? Cá bhfuil an siopadóir? srl.

Dathaigh an pictiúr.

1. Bhí ceithre euro ag Pól.
2. Chuaigh sé go dtí an siopa.
3. Cheannaigh sé dhá oráiste.
4. Cheannaigh sé trí phiorra.
5. Bhí áthas ar Phól.

|  euro amháin |  dhá euro |
|---|---|
|  trí euro |  ceithre euro |

 **Tá** euro amháin **ag Pól.**

_____

 **Tá** dhá euro **ag Pól.**

_____

 **Tá** trí euro **ag Pól.**

_____

 **Tá** ceithre euro **ag Pól.**

_____

# Buachaill Maith

 **Éist** leis an scéal agus dathaigh  na pictiúir.
CD Rian 24

# CEACHT 15

**Comhrá scoile/Comhrá baile:**
Cé atá ar an luascán/ar an sleamhnán? An bhfuil Rúfaí ar an luascán/ ar an sleamhnán? Cé atá ar an scútar? Cé atá ar an gcapall luascáin? Cé atá ag luascadh/ ag sleamhnú? An bhfuil siad ar scoil/sa siopa? srl.

 **Éist** leis an dán.
CD Rian 25

1. Tá Fífí ar an luascán.
2. Tá Rúfaí ar an sleamhnán.
3. Tá Pól ar an scútar.
4. Tá Licí ar an gcapall luascáin.

# Dul Siar

Tarraing, scríobh agus dathaigh.

**trí chrann**

t_____

**dhá phiorra**

d_____

**ceithre mhasc**

c_____

# CEACHT 16

**Comhrá scoile/Comhrá baile:**
Cad tá ag Pól? Cad tá ag Aoife? An bhfuil feadóg ag Ricí/ag Pól/ag Aoife? An bhfuil Ricí/Aoife/Pól ag féachaint ar an teilifís? Cad tá ar an mbord? Cé atá ag dathú? Cé atá ag seinm ceoil? Cé atá ag siúl? srl.

Dathaigh an bord, an teilifís agus an fheadóg.

1. Tá criáin ag Pól.
2. Tá Pól ag dathú.
3. Tá feadóg ag Aoife.
4. Tá Aoife ag seinm ceoil.
5. Tá Ricí agus Licí ag siúl.

# Ag súgradh sa ghairdín

 **Éist** leis an scéal agus dathaigh na pictiúir.

CD Rian 26

44    daichead a ceathair

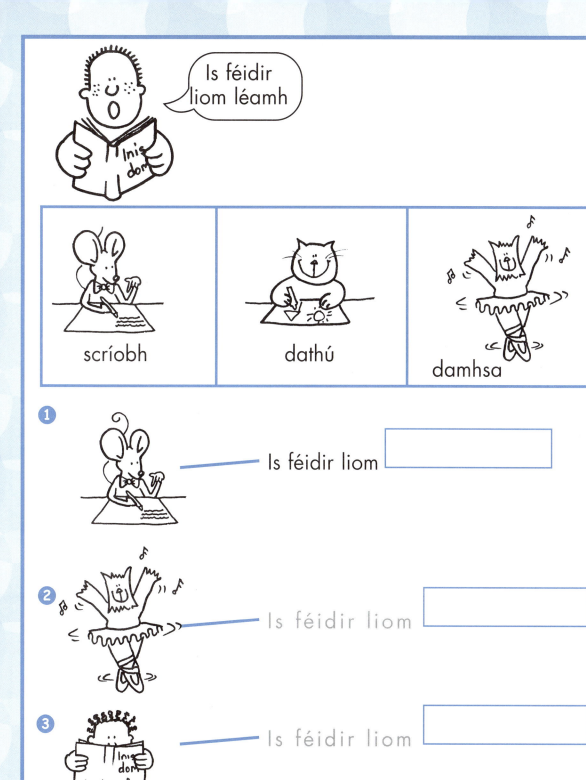

1. Is féidir liom ⬚.
2. Is féidir liom ⬚.
3. Is féidir liom ⬚.
4. __ __ __ __ ⬚.

# CEACHT 17

**Comhrá scoile/Comhrá baile:**
Cé atá ag siúl? Cá bhfuil an sionnach ag rith? An bhfuil sé ag rith ar an mbóthar? Cá bhfuil an bhó? An bhfuil an frog ag rith/ag siúl/ag preabadh? An bhfuil an ghrian ag taitneamh? An bhfuil sé ag cur fearthainne? An bhfuil éin sa spéir?

 **Éist** leis an dán agus dathaigh an pictiúr.
CD Rian 27

1. Tá an sionnach ag rith.
2. Tá Niall ag rothaíocht.
3. Tá Nóra ag péinteáil.
4. Tá an frog ag preabadh.

"Ní féidir liom rith"

rothaíocht

luascadh

snámh

❶  Ní féidir liom rothaíocht

❷  Ní féidir liom luascadh

❸  __ _____ liom snámh

❹ 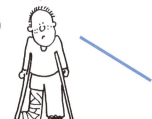 __ _____ liom rith

# CEACHT 18

**Comhrá scoile/Comhrá baile:**
Cá bhfuil Aoife? An bhfuil sí ar scoil/sa bhaile? An bhfuil hata/stocaí/gúna/briste/caipín sa siopa? Cad a chonaic Aoife sa siopa? An bhfaca sí bríste/gúna/hata sa siopa? srl.

 Dathaigh na gúnaí, na hataí agus na stocaí.

1. **Bhí Aoife sa siopa.**
2. **Chonaic sí hata.**
3. **Chonaic sí stocaí.**
4. **Chonaic sí gúna.**
5. **Chonaic sí caipín.**

# Pól agus a chaipín

 **Éist** leis an scéal agus dathaigh na pictiúir.

CD Rian 29

# CEACHT 19

Comhrá scoile/Comhrá baile:
Cad tá sa vardrús? An bhfuil liathróid/traein/róbat sa vardrús? An bhfuil cóta/léine/geansaí/bríste sa vardrús? Cad tá ar an doras? Cad tá ar bharr an vardrúis? Cad tá sa bhosca? An bhfuil cóta ag Ricí/ag Fífí? Cad tá ag Fífí? srl.

 **Éist** leis an dán agus dathaigh an pictiúr.

CD Rian 30

1. Tá bríste sa vardrús.
2. Tá léine sa vardrús.
3. Tá cóta sa vardrús.
4. Tá geansaí sa vardrús.
5. Tá bosca mór ar an vardrús.

Dathaigh an pictiúr agus ciorclaigh na focail.

1. Fífí
2. hata
3. caipín
4. cóta
5. bróga
6. bríste
7. scaif

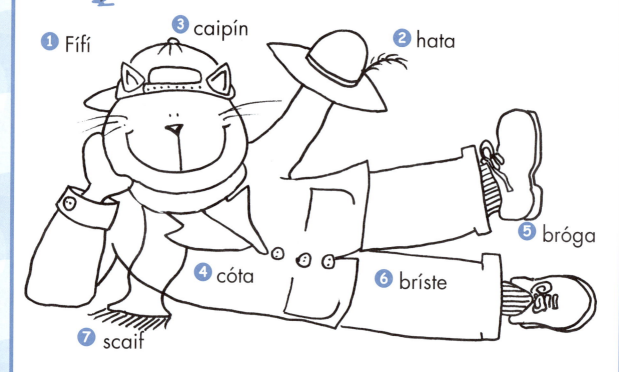

| b | r | ó | g | a | n | f |
|---|---|---|---|---|---|---|
| r | m | h | d | r | F | s |
| í | c | a | i | p | í | n |
| s | ó | t | o | u | f | t |
| t | t | a | p | b | í | g |
| e | a | s | c | a | i | f |

# CEACHT 20

**Comhrá scoile/Comhrá baile:**
Cé atá sa pháirc? An bhfuil Licí/Ricí/Fífí/Pól sa pháirc? An bhfuil Rúfaí ag léamh/ag scríobh/ag scipeáil? An bhfuil Licí ag siúl/ag rith/ag léim? Cá bhfuil Licí/Rúfaí? An bhfuil an ghrian ag taitneamh? An bhfuil sé ag cur fearthainne?

 Dathaigh an pictiúr.

1. Tá Licí sa pháirc.
2. Tá Rúfaí sa pháirc.
3. Tá Licí ag damhsa.
4. Tá Rúfaí ag léim.
5. Tá sé ag cur fearthainne.

# Lá Fliuch

 **Éist** leis an scéal agus dathaigh na pictiúir.

CD Rian 31

# CEACHT 21

**Comhrá scoile/Comhrá baile:**
Cad tá ag Pól/ag Aoife? An bhfuil an ghrian ag taitneamh? An bhfuil sé ag cur fearthainne? An bhfuil scamall/bogha báistí sa spéir? Cad tá ag Mamaí? Cad tá ar Dhaidí? An bhfuil Daidí ag ól? Cé a rinne an caisleán? srl.

 Dathaigh an pictiúr agus  éist leis an dán.
CD Rian 32

1. Tá buicéad ag Pól.
2. Tá spád ag Aoife.
3. Tá Daidí ar an ruga.
4. Tá Mamaí ag ól tae.
5. Rinne Pól caisleán.
6. Tá áthas ar Phól agus ar Aoife.

Cuir X ar gach difríocht agus dathaigh.